AF443940

Hilos y azares

Antología poética

1985 – 2021

Fernando Cely Herrán

Colección
Sembremos Arte

Hilos y azares

Antología poética

1985 – 2021

Fernando Cely Herrán

Hilos y azares
©Fernando Cely Herrán
©Colección Sembremos Arte

ISBN: 978-958-49-1453-8
Diseño y edición: Ediciones Grainart
Compilación y diagramación:
Mónica Patricia Ossa Grain
Diseño de Carátula:
Helen Vanessa González Ossa
Obra portada: Carlos Humberto Murillo
Título: Volando a la imaginación
Técnica espátula- Óleo sobre lienzo
Correo Carlos Murillo
carlosart5@hotmail.com

Ediciones Grainart
edicionesgrainart@gmail.com
edicionesgrainart@hotmail.com
Contacto: 3148685940

Impreso y hecho en Colombia.
Printed and made in Colombia

Santiago de Cali – Valle del Cauca
Julio de 2021

*A Gloria Inés: por 30 años de amor
y senderos compartidos.
A Luis Felipe y Camilo, custodios de los sueños.
A mis sobrinos, por estar y mantener las raíces.
A mis lectores, por su lealtad.
A Mónica Patricia Ossa Grain por creer en la
amistad, la lealtad y los sueños.
A la vida.*

Amable lector

Desde un sosegado espacio en Pesca – Boyacá, en la amada y rota república de Colombia, reviso estos escritos que forman parte de una historia que se ha venido construyendo paralelamente con la vida cotidiana. El tiempo pasa. Me parece mentira estar recopilando material para conformar una segunda antología personal. Los primeros libros que logré publicar ya muestran en sus páginas un bello deterioro, pero con el encanto de ser ahora escasos, y de saber que en la biblioteca de algún buen corazón están presentes.

Atiendo el llamado de una mujer excepcional (Mónica Patricia Ossa Grain), que con un trabajo incluyente se ocupa de difundir el quehacer de escritores que perseveramos en el intento de compartir en versos los universos que nos persiguen. Me enorgullece pertenecer a los autores que conforman estas ediciones tan lejanas a la ostentación y tan cercanas a la intención de llegar a los colectivos populares con un mensaje de esperanza en un país que se debate desde hace décadas entre la violencia y la supervivencia del arte.

Hilos y azares rescata textos de libros cuyas ediciones en su mayoría se encuentran agotadas. Son poemas que muchas veces escaparon a las lecturas en los recitales, pues los versos también tienen un destino que se parece a la predestinación de los seres. Los reencuentros con estas creaciones me confrontan con las nostalgias y me muestran la evolución que han venido presentando mis composiciones. Las asumo como una mirada tranquila ante el espejo que refleja miles de horas de contemplación y alumbramientos.

Escogí poemas de los libros *Gotas de cristal (1985), Lejanías (1993), Cantos del desamor y el desencanto (1995), Entre el abismo y la trinchera (1998), Cantos en el ocaso de la primavera (2001), Cantos Sin Cuenta (2007) y Cantos desde el sexto escalón del tiempo (2017)* por considerar que complementan la recopilación elaborada para el libro *Los hilos rotos del tiempo,* antología publicada por Caza de libros en el año 2013. En la parte final incluyo algunos poemas que he publicado recientemente en las redes sociales que hoy resultan ser un mecanismo importante para la difusión del trabajo literario.

A la *Colección* **Sembremos arte** del sello editorial *Ediciones Grainart,* entrego de corazón y plena gratitud a mis lectores, trozos de asombro para vencer el olvido... Si un verso mío anida en algún corazón, ¡con eso basta!

Fernando Cely Herrán

Del libro Gotas de cristal (1985)

Al maestro

El pórtico se abre con cauteloso acierto:
la luz diáfana inserta su hermoso resplandor.
Asimila la mente las notas de un concierto
y a la penumbra inédita llega el conquistador.

Es el maestro insigne que conduce al futuro
y nos presenta un mundo de acordes melodías:
padece desde entonces el alma de inquietudes,
la ciencia nos otorga reales fantasías.

Maestro insuperable: tu labor no termina
en las aulas inertes que adornas con laurel.
Tu misión no es humana, tu labor es divina.

Por eso cuando llegue cansancio a tus retinas
será tu ocaso frágil tan fértil como el día
que sembraste en las mentes el néctar de la vida.

Tu amor (I)

Tu amor encadena, tu amor desvanece,
tu amor es enigma, místico dolor,
es espada ruda que ataca y que hiere,
que mata besando con el corazón.

Tu amor es espina sangrante, impetuosa,
cual si fueras diosa del olimpo sacro:
redime encantando almas pecadoras
y ruines efigies de rumbos lejanos.

Tu amor no conoce la risa ni el canto,
no tiene los visos que da la alegría,
y así te han mirado mis ojos serenos
para morir viendo tus melancolías.

Tu amor desconoce los bellos matices
de protocolarias estrellas brillando.
Tus labios no saben que un verso perdido
se ha escrito una noche de amargos encantos.

Tu amor desconoce la bella alegría
que aroman fragantes las rosas de abril,
pero así te amo reina de mi vida
no importa si sabes o no sonreír.

Tu amor (II)

Tu amor es como espina que desgarra
como fuego falaz que amando hiere;
en tus ojos oscuros de nostalgia
está mi corazón, aunque lo niegues.

Tu amor es volcán que paso a paso
desbasta con su lava soñadora;
en tus labios están mis labios tristes
y un noviembre de amor que el tiempo borra.

El tiempo en su inclemencia nos traiciona:
el destino fatal robó las rosas
y atiborró de espinas las auroras.

Cuando muy triste estés y en la penumbra
escuches de mi voz tu dulce nombre,
recuerda que por ti, mis ojos lloran.

Monserrate

Cuando camino
por las calles de Bogotá,
la Bogotá de infinitos contrastes,
la Bogotá señora,
la Bogotá de entraña noble
y de ropaje turbio,
la Santafé que otrora
inundó de linajes la Sabana,
la Bogotá que es recorrida
por hordas de indigentes amargos,
solo puedo dolerme del pobre Monserrate
que lo ha observado todo...

Del libro Lejanías (1993)

Lejanías

En medio de la espesura del silencio
brotan los recuerdos:
aromas de infancias,
de abrazos, de besos;
la casa paterna,
las melancolías,
la fatal partida
de los seres buenos.
Enterrar la savia
de canto inconcluso
ienterrar la entraña
que nos dio la vida!
En la lejanía
la cascada amorfa
de muchos ensueños:
aparentemente porvenires blancos
mostraban su encanto
tras el horizonte.
¡Cómo cambia todo!
Aves misteriosas de plumajes negros
hicieron su nido sobre nuestro techo.
Y así va la senda ruda y silenciosa
debatiendo incógnitas
desafiando dudas.

En la lejanía,
nostalgias y amores
flores marchitadas
sobre nuestros cantos;
y aún así,
esperando el milagro,
siguen nuestros pasos
su cansada prisa:
se inventan los soles,
se fingen las risas
se da a los lamentos
brisas melodiosas.
En la lejanía,
campanas al viento,
discurrir del tiempo
inclemente y frío.
Como peregrinos
marchamos atónitos...
En la lejanía,
en la lejanía,
en la lejanía,
¡se nos va la vida!

Solo

Solo
y tan lejos del mundo
como si no existiera el universo,
me acompañan los rayos de un invierno
tapizado de lluvia.
Solo
con la nostalgia cabalgando
- pasajero temprano de la melancolía-
me acompañan como tristes fantasmas
los recuerdos de sueños olvidados.
Solo
con una soledad resplandeciente,
me guardo las estrellas en secreto:
me acompaña
la certeza inclemente de la muerte
que arrasa lentamente
con todo lo que amo.
Solo
compartiendo en silencio
la soledad de Dios,
me escolta la cristalina voz de los ensueños
que hacen vibrar por fuerza al corazón.
Solo
porque el hombre está solo,
respiro con los aires de otros hombres
que son arena y polvo de un camino
misterioso y abrupto.

Juego del tiempo

Repasando el pasado,
estoy en el juego del tiempo:
observo
por entre las rendijas,
cómo transcurren
sin pensarlo los años.
Me encuentro
comprendiendo la historia,
recorriendo los sueños:
las estrellas contadas,
los momentos sagrados,
las lágrimas silentes,
las equivocaciones,
los versos ignorados,
las noches bien gozadas,
los besos mal besados,
los cuerpos bien amados,
las promesas difusas,
las sábanas oscuras,
los pactos olvidados,
las sonrisas perdidas,
los triunfos no alcanzados...
Estoy en el juego del tiempo
cigarrillo en la mano,
aspirando neblinas,
desafiando principios,
asumiendo la vida
con dolores siniestros:

la soledad del ciego,
la vil melancolía,
las calles que aprisionan,
la paz de los sepulcros,
los abismos sagrados,
mujeres pasajeras
asesinas del canto,
los fusiles manchados
con sangre del hermano,
los niños en las calles,
los campos arrasados,
los dioses mancillados,
la lujuria reinando.
Estoy en el juego del tiempo
creyendo que aún creo,
soñando que he soñado,
reteniendo la vida
con cordones extraños,
con hilos misteriosos,
con engaños eternos:
los versos con sus besos,
los besos con sus versos,
los versos con dolores,
con dolores los versos,
los besos prometiendo,
prometiendo los besos,
los cuerpos derrumbados,
derrumbados los cuerpos,
los versos suplicantes,
suplicantes los versos,

para seguir viviendo,
para vivir siguiendo,
pronunciando ¡hasta siempre!
pronunciando ¡te quiero!
¡así me ato a la vida,
en el juego del tiempo!

Fernando Cely Herrán

Partir

No se parte una vez,
se parte muchas veces.
En cada sitio dejamos
pedacitos de sueños,
trocitos de recuerdos,
aires que respiramos,
inolvidables días
que hoy son historia breve.
Cada vez al partir
dejamos irrepetibles
millones de segundos
de una existencia corta.
Pero
si hemos sembrado esperanzas
de días mejores,
de patrias nuevas,
de nuevos aires de primavera,
entonces al partir
no importará
que el aire fresco de la vida
evapore las lágrimas.
No se parte una vez,
se parte muchas veces.
En la mente cargamos los baúles
repletos del amor que recibimos
y sentimos un vacío que no duele
por el amor que dimos.

Nunca se dice adiós cuando se parte:
el hombre es caminante
que deja huellas en la arena,
recuerdos en el viento...

La florista

Yo también decía mentiras...
Aún las digo,
las escribo...
Una mañana de sol en primavera
le dije a una florista que la amaba.
Al fin y al cabo
ella también mintió
cuando afirmó
haberme entregado
su primera flor.

Bayadera

Danzarina de mi espacio:
te pareces al aire que respiro.
Puedo a veces inhalarte
y guardarte del todo
por algunos segundos...
Luego debo exhalarte
para que regreses al viento
extendiendo tus alas
para danzar al ritmo
de viejos acertijos.
Danzarina de mi tiempo:
te pareces al agua
que moja las penumbras
de mi alma taciturna.
Te pareces al mar incontenible
que minuto a minuto
le hace el amor
a las playas doradas...
Danzarina de mi canto,
danzarina de mi tiempo,
danzarina de mi espacio...

Del libro Cantos del desamor y el desencanto (1995)

Lector

Ahora,
que he tenido el valor
de bajar las estrellas
y hacer bañar la luna
entre mil caracolas;
ahora,
que ha muerto el miedo
de cargar las palabras
sobre mis hombros tristes
y sacarlos despacio
de incógnitos baúles;
ahora,
que de un manto de bruma
surge un faro fantástico
que rompe
la ebriedad de la noche
danzando en un concierto
de duendes y fantasmas;
ahora,
que el silencio es un mito
sagrado que se rompe
con sangre de la pluma,
mi alma se ha vestido
de poeta,
¡y mi palabra es tuya!

Libro abierto

Que no mienta tu voz
repitiendo "te quiero".
He abierto con sigilo
el libro de tu alma
para encontrar verdades
escritas en sus páginas:
en tu cuerpo leo: muralla,
en tus ojos: fuego muerto,
en tus palabras: rutina,
en tu risa: desaliento,
en tu corazón: olvido,
en tus alas: vientos nuevos...

Nefasta creación

Cerca de mí
tu corazón se apaga,
se colapsa,
se extingue.
Soy
el agujero negro
de tu vida.
Todo
porque mi verso,
admirador del cosmos,
te convirtió en estrella.

Lágrimas

Llueve.
Cada gota
es un canto
de olvido
sobre el ropaje
inhóspito
del tiempo.

Vitral

Algo de ti
se durmió
en mis retinas:
tu adiós,
tu silueta
dibujada en aceras,
nuestra última mirada
con sus flores marchitas,
la soledad sangrante
absorta y absoluta.

Reinado

Sonaron
las doce campanadas
en el reloj del silencio.
Un minuto después,
roto el ensueño,
las hadas del engaño
se quedaron vagando
en el reino de mi alma.

Máscaras

Nada es como parece:
todo gira
a la velocidad
del pensamiento.
Nacen entonces
caras ocultas
para la limitada
ternura de los ojos.
Nada es como parece:
por eso
en los poros y rostros
se esconden
verdades y sapiencias.
Desconfía por lo tanto
del brillo de la luna,
del canto de las aves,
del silencio del viento,
del jadeante "te quiero"
sobre lechos ardientes.

Sentidos

No culpes a tus ojos
por cambiar el color
del viento.
No culpes a tu oído
por percibir errada
la melodía del cielo...
No culpes a tus manos
por no sentir la piel
del agua mansa...
No culpes a tu olfato
por ignorar la fragancia
inaudita del recuerdo...
No culpes a tu paladar
por banquetes
que se tragó el olvido...
No culpes a tu cuerpo,
no culpes a tu alma,
no culpes a la vida...
Tan solo,
es el paso del tiempo...

Flor marchita

Ahora
que me deshojas
pétalo a pétalo,
el viento
esparcirá
mi tristeza
por el orbe.
Mi voz
no endulzará
el correr de tu sangre
al corazón esquivo
que se negó
a ser fuente de vida,
altar de sueños,
sinfonía de silencios.

Razones

A un poeta, mujer,
jamás le des un hijo:
su padre
solo podría ofrecerle
versos frescos,
cantos blancos,
falso trigo...
solo le daría
estrellas y montañas
que se confundan
con extraños ritos,
ausencias y nostalgias,
mensajes
de humanidad extraviada,
triste abrigo...
A un poeta, mujer,
jamás le des un hijo:
se bebería tus senos
dialécticos e impíos,
heredaría
la angustia taciturna
de palabras perdidas
y el estelar colapso
de estrellas infinitas.

Sonambulismo

Duermes.
El reloj marca
la una de la madrugada.
A esta hora,
la noche es joven,
las estrellas tiritan de frío
y la noche es sombría.
En mí reposan
angustiados los versos,
mientras un agradable brandy
resbala en la garganta
que a diario
pretende transformar el mundo.
Entonces,
las verdades
que han formado los días
se convierten en nieblas
y las nieblas
se transforman
en mágicos silencios
que se iluminan en el infinito.
Duermes...
En la radio
se escuchan canciones
que tratan
del mancillado amor,
eterno rompe-corazones.

Yo contemplo tu rostro
sin encontrar
las estrellas de tus ojos
porque ahora se han perdido
entre la cara oculta
de la luna.
Duermes...
Y es tan grande
la paz de este momento,
que tan solo el silencio
vence a la fantasía.

Del libro: Entre el abismo y la trinchera (1998)

Urabá

Quiero encontrar un verso
que detenga
el odio en la mirada
de los hombres,
el aciago crujir
de los fusiles,
la angustia inútil
dibujada en el rostro
de los niños,
la sangre joven
que moja las semillas
de esta patria sin rumbo
que con magia siniestra
convirtió el tricolor
en franja roja.
Quiero encontrar un verso
que detenga las balas
que inundaron de muerte
las lágrimas perdidas
de madres desmembradas
y huérfanos sonámbulos.

Quiero encontrar un verso
para iniciar
un capítulo nuevo
en nuestra historia
y formar un blasón
donde convivan
amor, café, petróleo,
esmeraldas y orquídeas.

Tiempo de silencios

Es tiempo de silencios:
calle el cantor su canto,
calle el dolor su grito.
Que hoy se calle
la mágica esperanza
con que miran las flores
la faz del infinito.
Que calle el sol su luz
y que se calle el viento,
y la voz de las hojas
del árbol florecido.
Que calle el universo
su danza astral y fría...
Que se calle la vida
hasta que un genio tierno
impida que en el mundo
duerman entre basuras
y crezcan entre escorias
las vidas de los niños.

Paz

La paloma
se vistió
de símbolo de paz.
desde todos los ángulos
brotaron
dardos envenenados
con el odio sutil
de la mortaja.
En la derrota de su vuelo
pudo ver a la muerte
convertida
en los ojos de infantes
destrozados
por esquirlas de lágrimas.
Ahora,
se esconde pudorosa
en su sobrio
y oscuro palomar.

Del libro: Cantos en el ocaso de la primavera (2001)

Fragor

El díscolo silencio estremece
las penumbras del ocaso
y se pierde escuálido
en las bocas de la abrupta multitud.
Los gritos, voz en cuello,
se instalan en las risas dormidas
y los rayos de luz penetran
robándole al espacio
al socavón siniestro.
La iracunda carcajada del miedo
se adueña de los sueños
y los convierte en aullidos
que se desangran
- Sin rubor –
en el tumulto
inexistente de las horas.

Crisálida

Nada es estático,
ni siquiera la marcha
inaudita del tiempo,
ni el regazo de los sueños,
ni el canto del dolor
que se parece
a una estrella sin luz
o al súbito rubor
de una doncella
en la noche primera,
ni el vuelo prematuro
de una primorosa mariposa
que se acopla
para colmar el planeta
de irreverentes colores,
ni el pensamiento cósmico del viento
cuando agita las hojas del árbol misterioso.
Nada es estático,
ni siquiera el amor
con su palabra siempre,
ni la montaña verde
con su aparente fortaleza de piedra...
Nada es estático,
o si no, habla con el espejo frente a tu rostro,
que pretende perpetuar tu imagen
de hielo y fuego.

Flagelo

La verdad no puede ser
negación de la vida,
del arco iris,
del plenilunio taciturno del dolor.
Saberse vivo
es remontar la soledad del tiempo,
reconocer
la angustia moribunda del planeta,
la algarabía inútil
del corazón cansado.
La soledad es un espejo roto.
Nada restaurará
sus refletivos átomos,
ni siquiera
el fuego del amor
elevado a mil grados centígrados.

Inercia

No se trata
de detener el tiempo.
Si los relojes
giraran hacia atrás,
no habría lugar
para el recuerdo.
Las horas
son tan solo,
el triste cronograma
de la melancolía.

Agua viva

Mujer,
navegante oceánica
en la espesura de mí abierto mar.
Sirena de arrecifes corporales
donde descansa
en tempestad abierta
mi viento huracanado.
Faro insolente, temerario y claro
que guía mi rumbo incierto
hacia otro inexplorado mar.
Navego en ti
caracola de corazón selvático.

Poesía

Hay que aprender
a romperse por dentro
como aprendió
a romperse por dentro la montaña
conservando su verde de añoranza.
Hay que aprender
a romperse por dentro
como se rompe el sol
en su explosión atómica.
Hay que aprender
a romperse por dentro
como el genial payaso
del circo de la vida.
Hay que aprender
a romperse por dentro,
como se rompe el corazón cansado
con sus pies de nostalgia.

Epidermis

(Canto al amado mar)

El mar tiene su piel,
lleva su canto,
rugido de ola en ola
que extirpa sus lamentos;
canción de las sirenas
incandescente y muda,
faro de la nostalgia y la cadencia.
Fuente de vida y sal
que golpea el arrecife de las penas
convocando al hechizo de la tierra
sobre la magnitud de sus aromas.
El mar tiene una piel
que gira errante
y alimenta su danza astral y fría,
amante del reflejo de la luna,
del ocaso del sol en su bravura.
La piel del mar
es el canto del viento florecido
sobre el tenue vaivén
de las auroras.

Estampida

Huyo de mí,
piel de hielo y de fuego
refugiada es asfálticas ruinas
y estrépitos de lluvia.
Huyo de mí,
habitante de tedios expandidos
cual escuálidos lirios en la arena,
bajo el influjo tétrico del tiempo.
Huyo de mí,
navegante incesante de los sueños,
bufón de la suprema corte del olvido,
galán inútil del amor supremo
en fallidos intentos que se inmolan.
Huyo de mí,
pigmeo del cosmos,
azafrán que custodia
sus íntimos aromas.
Huyo de mí, para no confrontar
los paradigmas donde triunfe la muerte
con la magnificencia del tirano
que no perdonará la insolencia burlesca
de las palabras tristes.
Huyo de mí,
de mi cerebro intrépido y desnudo
que muestra su temor por estar vivo.
Huyo de mí,
¡mariposa sin vuelo y sin destino!

Versión de amor

Mientras el sol sea sol
y la rosa sea rosa,
el hombre estremecido
vibrará en cuerpo y alma
ante el hechizo extraño del amor:
el cuerpo con su canto,
el alma con su grito,
la vida con su prisa,
la muerte con su espera.
Solo el amor
redimiendo la angustia y el olvido
con su fuego de sal,
con su esencia de tierra.
Solo el amor
sinfonía desafiante del destino,
preso en tu carne herida por el tiempo,
volcánica verdad
que hace del frágil hombre
¡un estepario ser cubierto de belleza!

Cosmos

Cada estrella es un sueño
que se enreda en un verso.
Para que el hombre olvide
su nefasto destino,
se moriría primero
esa luna que gira tristemente
sobre su angustia fría
borrando el canto negro
de la noche
y perpetuando el sol en las retinas.
Esas nubes que ocultan las estrellas
en las noches serenas,
no son más que nostalgias
que lloran sus silencios
y que caen gota a gota
en las almas sombrías.
Cada estrella es un sueño
que se cuelga en un beso
sin palabras ni cantos.
Cada estrella es un verso
muriendo en el silencio...

Soledad

Bella es la soledad
con su siniestro encanto.
Tuyas las horas y el silencio,
los recuerdos y olvidos.
Tuya la soledad
y el corazón sangrante
en el brindis abrupto
de la melancolía.
Tuyo el encuentro mágico
con estrellas y mares
que forman tu universo
sin que nadie perturbe su armonía;
tuya la dolorosa soledad y el miedo
de caminar tan solo con tu sombra.
Bella es la soledad,
abismo impenetrable
entre tú y la fragancia
de ingratitudes sórdidas.

Calidoscopio

No te escondas tristeza.
En tu quehacer diabólico
sueles ilusionarme
con tu ausencia,
pero yo te conozco
porfiada y engreída.
Compañera de tedios:
sé que tarde o temprano
te encontraré coqueta,
apareciendo en un espejo roto
que refleje mil veces
mi mirada perdida
en los miedos del tiempo.

Cantos a la tristeza

IX

Tan solo
soy un hombre
y estoy vivo,
un lirio negro
cósmico que llora,
un fruto del dolor
trino en delirio,
afán de los reposos.
Soy una simple brizna
que flota desgarrada
en un rincón azul del infinito,
una careta
triste que sonríe
ante la adversidad.
Tan solo
soy un hombre
y estoy vivo,
una sirena herida
que no conoce el mar,
una antorcha extinguida
en el perpetuo hielo del olvido.

Diosa

Si el poeta, mujer,
posó sus tiernos ojos
En tus ojos,
si dibujó tu rostro
con su ensueño,
si recorrió tu piel
con su pluma atrevida
bebiéndose tu alma,
si le robó al pintor
su fino lienzo
plasmándote en el tiempo,
si te besó el deseo
con la pericia de su aliento
y te esculpió en un sitio
del genial macrocosmos,
entonces es que en diosa
voluptuosa y abstracta,
¡sin que tú lo supieras
te convirtió su verso!

Del libro: Cantos Sin Cuenta (2007)

El roble relegado
(A mi padre)

Érase un roble frondoso y altivo
mecedor de vientos, frescura de olivo,
padre de los pájaros, abrigo del nido,
corazón abierto, sonrisa de niño,
espíritu abierto, justicia suprema,
triunfo del ingenio sobre la falacia,
león por causa justa, cordero en la cima,
sonrisa en el canto, canto en la sonrisa,
rama desplegada sobre siemprevivas.
Armador de brisas sobre limpios cielos,
protector de lluvias, de fuegos, de prisas,
amor cobijado con aromas cálidos
bajo la azul sombra de sus despedidas.
Pero de la entraña de lo impenetrable,
las fauces extrañas de la felonía
secaron sus hojas, mermaron su vida.
El cielo y el tiempo lo dejaron triste,
lo dejaron solo, lo dejaron sordo...
Ya no escuchó trinos ni cantos de brisa
sobre el alma nácar de sus mil retinas.

Y aquel roble fuerte, corteza de lirio,
luchó vanamente contra su destino...
Se fue replegando, colapsó su brillo,
¡doblegó sus ramas ante el infinito!

Espejismo

Ahí estás ígneo sueño
profanando la alcurnia de la noche
y la orfandad del viento.
Ahí, donde nadie remonta
la fragilidad de tu aliento,
la sincronía de tu voz.
Ahí te encuentras
improfanable y púdica
como una catedral...
Ahí, en mí,
ave cantora de silencios.

Súplica

Para que este dolor
no escape impune,
sumerge mi corazón en hiel,
abrázalo con sándalo,
abrígalo con besos
y cántale una canción de cuna.
No lo abandones
mientras palpite
en su coraza de metal
y en su refugio de sosiegos.

Agonía

Me gustan:
la memoria del árbol
que arde mustia en mi pecho,
los ritos de los cuerpos
vencidos por el sueño...
Me gusta ser
y poder haber sido:
el rumor de la lluvia
sobre mi cuerpo triste.

Evasión

Aunque pretendas distraerlo,
sabes que habita en ti
esa sed que me devora...
Sed que eres tú,
desafío de mi anhelo.

Sentencia

Nunca confíes
en tus pétalos,
bella flor primorosa...

Oasis

Tan cerca de la muerte
nuestra pluma bohemia,
tan cerca de la vida
nuestro verso profano.
Aquí y allá,
veleros navegantes
de las profundidades
del silencio,
alcatraces de arena
con corazón de nube.
Hemos tejido nuestra historia
entre eslabones tristes:
desprendimientos, fugas,
adioses sin razón...
En el cáliz sagrado
de los ritos sangrantes,
la letra enajenada
cubre nuestros destinos
con espinas de cirio.
¡Somos los insepultos!
Los demás ya partieron
para formar la corte
sublime del olvido,
lejanos de las penas,
del cuerpo, del dolor.

Mañana citadina

Despierto en medio
de esta ciudad
que nunca duerme.
Me refugio en la lluvia,
me abrigo
con el ropaje turbio de un noticiero,
bebo un café
cosechado en las tierras del odio,
preparo un discurso
que pretende redimir
el estallido de ambiciones activadas
desde un decepcionado corazón...
Continúo viviendo,
añorando un ejército de ícaros
que quemen sin pudor
el sufrimiento de mis alas ingenuas.
Abordo nobles pensamientos
para no acordonarme de silencios.
Camino calle arriba
queriendo penetrar
en las montañas tutelares
y perderme despacio
en sus entrañas frías.
Continúo esperando
mientras todos disparan
sus fusiles inéditos.

Contemplo el infinito
con sus llamas eternas
aún sin haber muerto.
Camino, simplemente,
dejando que la bruma
inunde con su fuerza
el caudal de mis lágrimas
para volverme fuego,
ciudad, enigma, hielo...
Despierto,
pienso en ti,
y me dejo tragar
del burdo sueño.

Muerte súbita

Para poder olvidarte
comencé por borrarte
de mis calles,
ignoré los aromas
de tus huellas,
hui de mí,
desafié las estrellas,
me inventé un sol,
cambié de luna,
negué las noches,
borré mis lágrimas,
y congelé la primavera,
me arranqué el corazón
y me olvidé de mí...

Espejo

Arde
sobre la atormentada luz celeste,
la airada cúspide del cielo.
Te pareces a un viejo cigarro
atado como bruma
al mástil del olvido:
triste como un pesar,
solo como un camino...

Definición

Eres roca con forma de galaxia,
invertebrada y púrpura.
Puede que en otra dimensión
te halle más mustia:
flor con pétalos de aire
y corazón de espuma.

Isla

Sangra mi muda voz
llamándote en la noche,
sangra mi ensueño desvelado
que te anhela,
sangra la luz del sol
iluminando tus destellos
que mueren en el mar,
sangran las sombras
que no se encuentran en tus ojos,
sangra mi sangre
que no se funde en ti,
melodía de mi arcano.

Incomunicación

A los ausentes

Antes de lo esperado
nadie responderá
al otro lado de la línea...
Varios han traspasado la frontera
entre las alas y viento.
Muchos de los que amé
partieron en medio del dolor
rumbo al paraíso prometido,
dejándome con las manos atadas
a esta tierra extraña
suspendida en la nada.
Parece eterno el tiempo
cuando la soledad
combate cuerpo a cuerpo
con su hijastra la muerte.
Tarda mucho la risa en comprender
que es una mueca mentirosa
dibujada en los rostros
con pinceles de incertidumbre.

Instrucción

El poeta está ebrio
acompañado de sus soledades.
Después de tanta cátedra,
el corazón dicta sentencia:
no existe pedagogía
para un iluso corazón.

Caprichos

Me dio por escribir en servilletas,
por estar solo,
por estar triste,
por querer ser poeta,
por llorar
con lágrimas azules...

Expiación

A Fernando Soto Aparicio

Dentro o fuera del mundo
el poeta,
con los ojos sembrados en la tierra,
escudriña su propio laberinto.
La sociedad le asume
soportando su navío en contravía,
escarmentando su tristeza,
enajenando su alegría.
Cielo o infierno es su palabra,
nieve o fuego su vocablo,
elogio o maldición
sus ojos de metáfora.
Su escudo defensor,
alas maltrechas
heridas por los vientos
que su alma convierte en huracán...
Su arrogancia,
lo cristalino de sus lágrimas
que vence las blasfemias
y que redime al mundo de condenas.

Del libro Cantos desde el sexto escalón del tiempo (2017)

Nueva indignación

Nací en una patria que se fractura
y que se ahoga en sus ríos de sangre;
ríos que se han colmado de cadáveres
que han encontrado su destino
en cascadas de indiferencia.
Nací en una patria rota
con genéticas de espantos y violencias,
que ha visto la barbarie
apoderarse de su pueblo,
que calla y siempre otorga.
Nací en una patria
que teme saber que significa "Libertad"
y que no quiere recordar su senda
ni sabe cómo escribir otra historia.
Nací en una patria
que amo y que está rota,
esperando que de la nada
surja sin merecerlo, un cielo nuevo,
que le devuelva
la dignidad y la esperanza.

Cavilaciones de la ausencia

Existen soledades parecidas
a las que afronta la luna.
Eso de orbitar eternamente,
girar sobre los mismos ejes,
recordar que en algún sitio
alguien te está olvidando,
sufrir ese dolor
de no poder correr
por las praderas,
sentirte atado
y no poder ser viento,
querer ser tenue luz,
dulce rocío,
indomable distancia...
Existe
la soledad del verso padecido,
el viacrucis de las alas rotas,
la condición de trashumante,
el sino de la angustia,
la silente inquietud
del tiempo indetenible,
el triunfo del hastío
sobre los sueños mustios.
Existe al tiempo la esperanza,
el verbo vivo ardiendo,
el verde del paisaje
bañando tus retinas,

el magno mar
inundando la imagen de tus días,
poder ser nube y agua presurosa,
ser voz multiplicada y aguerrida,
poder ser y no ser,
¡a pesar de la vida!

Magnitudes

Mi padre
siempre ahí,
como un bello fantasma
que aparece
en la inmensidad de la niebla.
Mi padre
un coloso del tiempo
que se quedó
anidando en las praderas
de mis paisajes inconmensurables.
Mi padre
ese amoroso guía
de caminos ciertos,
presente siempre
en la geografía
de mis nostalgias.
Mi padre,
siempre en el corazón
como una sombra
bondadosa y eterna,
como un verso perpetuo
que se agita en mi sangre.

Los cantos del viajero

El viento,
dios de las mariposas,
suele posarse
sobre las hojas,
en nítida canción.
Su arrullo serpentea
entre las ramas
y canta adormecido
sobre la silueta
de la lluvia.
El viento
toma la forma de los seres
y se dibuja entre las nubes
haciendo alarde de
su etérea belleza.
El viento se posa
en los oídos
y su arrullo
se confunde
con olas y desiertos.
El viento se revela
y arrasa, y se enfurece,
igual que un corazón
cuando lo invaden
las certezas
de las ausencias.

Estar

Saberse vivo,
con un gran huracán dentro del alma
que es como un cosmos triste,
conocer las penurias de tu cuerpo
y exponerlo ante el espejo
que lo guarda para el olvido
desde otra dimensión,
tropezar y caer piedra por piedra
y saber que en cada paso
dejaste poros y añoranzas,
fundirse en las paredes
de cada muro de las casas,
dejar en ellos tu voz grabada,
tus risas y tus lágrimas,
ser tu propio fantasma y asustarte
con la silueta de tu sombra,
ser y saber que eres pionero de la nada
y que a la nada volverás,
dejar versos colgados
en guitarras y noches diluidas,
aprender a callar
y hacer de tus silencios la morada,
asentir negativas,
hablar con el fulgor de una mirada,
refugiarte en los miedos
para crear con aires la muralla,
contar las horas para ver otra vez
la terquedad de un sol viejo y cansado,

ser luz desde el inmenso socavón,
seguir tejiéndote en cada sílaba,
en cada huella, en cada amanecer;
ser verbo roto y desgarrado
para llegar a ser simple metáfora
que desfila insurrecta en el lenguaje,
perdido y colapsado de una estrella.

Silla de ruedas

Cuando tus zapatos
se convierten en círculos
y tienes que mirar el universo
convertido en la mitad
de lo que fue tu altura
y tienes que rodar
guiado por otros sueños
que te impulsan
como si te robaran el espacio,
y pasar por el lado
de tanto ombligo indiferente,
descubres que la soledad
también se abre caminos
y que puede rodar
entre las muchedumbres
que fingen no mirarte
y que te esquivan
al tropezar con tu mirada,
y se alejan de prisa
como cuando se acercan los peligros
y te persiguen los recuerdos,
o un verso efímero
que sacude las alas
y te rompe la calma,
así sea desde una silla de ruedas
que se transforma
por arte de la vida,
en dimensión ecuatorial.

Escribiente

En el amanecer está el poema,
en tus ojos y risa, va la rima,
en las gotas de lluvia desgarradas,
las metáforas mojan mis premuras.
En el cielo y el mar, vuelan las prisas,
en el sol y en el árbol, las medidas,
en el atardecer fluyen los días
y los versos se escapan de la lira.
Respiro versos mientras canta el orbe
y mi sangre se vuelve melodía.
Soy un ave maltrecha y bendecida,
¡un pequeño escribiente de la vida!

Inquilino

Se disfruta la vida
si se comprende a tiempo
que es más preciada
la luz de una luciérnaga
en las noches sin luna,
que un terciopelo
o un diamante
brillando en el desierto.
Nada nos pertenece:
tan sólo
lo que se queda en los sentidos
y los recuerdos en la piel
acariciada por el viento.

Poemas publicados en redes sociales
(2019 – 2021)

Acromanía

Los hombres grises
siempre andan por ahí
ocultando la luz del sol,
matando las sonrisas.
Muchos le escriben a la paz
camuflados en sus diccionarios de odio
y mienten en metáforas
que otros aplauden sin pudor.
Unos habitan en las casas
robando la armonía,
otros se esconden
en siniestras oficinas,
en supermercados,
en iglesias silenciosas,
en aeronaves suntuosas,
o en centros comerciales
que son templos modernos
donde habitan
mezquinas ambiciones.
Muchos se esconden
en corazas de apariencia
exhibiendo almas plásticas.
Algunos se pasean
con trajes verdes
desafiando a la libertad

mientras los cantos
de los inconformes
son mancillados
por la fuerza inaudita
de la guerra.
Unos se asoman
a los balcones de sus palacios
y disponen las prebendas
de la infamia.
Mientras tanto,
los pueblos marchan
apostados como mendigos
a la vera de los caminos
con las almas ultrajadas
y los cuerpos ansiosos.
Los hombres grises
son expertos en el olvido:
la memoria fastidia
los cerebros
que carcomen sus ansias
pisoteando
hasta la propia sangre
para alcanzar sus fines;
suelen mancillar a todo aquel
que desafía su orgullo
y abanderan causas pérdidas
que triunfan saturadas de intriga.

Los hombres grises
pretenden ocultar el sol,
pero seguramente ignoran
que más allá del horizonte,
la fuerza inmensa de la vida
reclamará y otorgará
esa luz que combate la ingratitud
y siembra el orbe
de amaneceres nuevos.

Epitelio

Tengo una nueva piel:
las palabras una a una
tejieron la armadura
que me hace inmune
a las pretensiones
de la ingratitud.
Es coraza de ensueños
la que cubre mi cuerpo
profanado por el dolor
en cada amanecer.
Los verbos la hacen
resistente al olvido:
los adjetivos la custodian
de salvajes epítetos,
los adverbios le aseguran
un escudo sintáctico
que acicala las alas
contra lugares y tiempos,
las metáforas maquillan
ignominias y oprobios
que se vislumbran
en las sombras.
Tengo una nueva piel
que me presenta geografías
y manos bondadosas
que arrullan
mi desdeñoso corazón.

Por eso ruedo por el mundo
casi besando
el rostro de la tierra
y arrastrando angarillas,
pero con la altivez
de un verso prometido
que forma
con los recodos del camino
alianza de paisajes eternos,
luz de vocablos protectores,
precioso manantial
de verdades
escritas de a puño
en las crestas
de un poema impetuoso
que reposa
como un niño dormido
en el fondo del mar.

Dilan

(A Dilan Cruz Medina, joven de 18 años asesinado por un miembro del Esmad en la ciudad de Bogotá la tarde del sábado 23 de noviembre del año 2019)

Bastaron pocos pasos
para que tus ojos
contemplarán incrédulos
cómo Caín
arremetía contra tus sueños.
Todo se nubló
y reinó la inconsciencia.
Luego la lucha de tu cuerpo
fue vencida
entre sábanas
impregnadas de impunidad
y escalpelos Urgentes.
Afuera,
la multitud grita tu nombre,
y recorre las calles
de la desesperanza.
Los culpables
se santiguan,
se disculpan,
se reúnen,
se camuflan...
La patria rota llora.

Se ha cortado una flor
pero la primavera
seguirá marchando
y clamando tu nombre
sobre la sangre
de tu andar entrecortado
por el poder del odio.

Congoja

El dolor es una cima
que remonta tu cuerpo,
que se pega en tu piel
y pretende arrancarla.
En cada paso,
te habita,
te recorre, te doblega,
se posesiona
rítmica y sutilmente
de todos tus rincones
y te demuestra su osadía.
El corazón lo repudia,
la mente le aborrece,
el alma lo conmina,
pero él se ensaña,
se atrinchera, se expande,
como cuando una pena
de amor se desvanece
y te contagia su locura.

Inquilino

Se disfruta la vida
si se comprende a tiempo
que es más preciada
la luz de una luciérnaga
en las noches sin luna,
que un terciopelo
o un diamante
brillando en el desierto.
Nada nos pertenece:
tan solo
lo que se queda en los sentidos
y los recuerdos en la piel
acariciada por el viento.

Peticiones varias

El planeta grita
con su voz ahogada,
con fuegos siniestros
y anheladas nieves.
Las patrias se rompen
y en sus venas corren
riachuelos de sangre
de inocentes seres.
No olvides hermano
cantarle a las nubes,
al árbol frondoso
y al furtivo viento.
No olvides bajarle
la luna y estrellas
a los dulces sueños
de un niño dormido.
No olvides tampoco
cantar tus amores
a las madrugadas
de dulces bohemias.
Bríndale un abrazo
al mar impetuoso
y a la gran montaña
que alegra tus ojos
Quédate en el alma
de los que te observan
hilar las palabras

y hacerlas eternas.
Regala un suspiro
a la madrugada
y tiñe tu alma
de sol y cantatas.
Canta con la fuerza
de un pájaro herido
y con la energía
de un niño que juega,
alza tu bandera,
clama patrias nuevas
sobre el horizonte
de versos que esperan.

Lucas

(A Lucas Villa, Líder social asesinado luego de un atentado
en el viaducto que conecta a la capital de Risaralda con el
municipio de Dosquebradas a finales de junio de 2021)

Lo sabías
y sin embargo
bailabas y cantabas
enfrentando villanos
tan solo con las armas
de la esperanza
y de la voz.
Lo sabías
porque el valiente
nunca ignora
que escribirá con sangre
la otra historia:
esa que te negaron,
la de la dignidad
arropada en los sueños.
Lo sabías
como lo supo Cristo
todo el tiempo;
desafiaste como miles,
calles abarrotadas de armas,
ambiciones y odios.
Tu sangre y la de otros
no entran en el olvido:
son la simiente pura

que seguirá gritando
sobre el orbe inclemente.
La tierra se nutrirá
de la semilla
que sobre la maleza
de tanquetas, proyectiles
y oprobios,
construya esa Colombia
que te negó
un solo día de paz
desde que te parieron
valiente y caminante
de los nuevos senderos
que seguiremos recorriendo,
abonando el paisaje
siempre presente,
de los que como tú
dejaron en las calles
su último suspiro
e inmolaron sus cuerpos
clamando por nosotros...

Niño wayúu

Sus ojitos
tan solo percibieron
rayos de sol sin esperanza.
Sus días, calcinados,
clamaron por la lluvia
y sus labios que aún
no balbuceaban las palabras,
se bebieron la indiferencia
mientras la muerte acechaba complacida
y el agua de la vida
se escapaba de su tenue respiración.
La apatía, entretanto,
le negaba un remedo de patria
para peinar sus sueños
y permitía que los ríos lavaran
los oropeles de la codicia.

Postales

1

Tengo en mi alma
un trocito de mar.
Mil caracolas
rondan mis sentidos.

2

No importa cuántas veces
te haya tocado el olvido.
Tu alma está grabada
en la memoria de las algas.

3

Un habitante,
el dolor,
consume implacable
la cordura
de mis sentidos.

4

Soy lo que amo.
En las entrañas
de las palabras,
está la luz.

Trote celeste

Galopando sobre las nubes,
una dulce colcha de algodón
mece al extraño
pájaro de hierro,
que en sus entrañas
esconde los sueños
de los frágiles
desafiadores del viento.
Las figuras geométricas
danzan y se deshacen
sin control,
y el blanco
se refugia en el azul celeste
que persigue los fulgores del sol.
Yo que amo el mar,
hoy quisiera ser nube
y convertirme
en navío,
en muñeco de nieve,
en simple espuma.

Guerra fría

Soporto
el ataque de los olvidos
y me refugio en las palabras.
En un mundo plagado
de tecnologías bárbaras,
observo cómo ignoran
los llamados del corazón
con sus verbos heridos
y la palidez
de sus miradas grises.
Es la palabra fino dardo
que robustece la inclemencia,
y que convierte
al victimario en triunfador,
sin que nadie sospeche
su irremediable soledad.
El atacante,
preso de su temor,
aparenta poder
y organiza festines
para ocultar
sus íntimas derrotas...

Resistencia

Suelo parecer impasible
ante la guerra
y en apariencia pierdo
combate tras combate,
pero mi corazón
lucha y gime
ante la rauda embestida
de tantas mezquindades.

Fernando Cely Herrán

Campesino colombiano

Arde la amada patria:
los caminos se inundan de plegarias;
cantan con azadones y con grillos
clamando tiempos nuevos.
La tierra destrozada
añora dulces manos
que en plena madrugada,
rocíen en él semillas
y no la sangre amada.
Hay un clamor
que canta con el río
y arremete sin saña
buscando en sus entrañas
patrias nuevas.
Campesinos
cercados por la hambruna
enarbolan banderas
y pancartas;
a cambio
el ciego ruido de las balas
amedrenta sus sueños y esperanzas.
Solo el viento
recoge sus heridas:
Llegará al fin el día,
en que esas manos tiernas
que llenan nuestras mesas cada día,
reciban la cosecha de sus sueños

y hagan parir la tierra,
sin nostalgias.
Campesino de espalda
henchida por el sol:
toma tus dulces armas,
que son las que acarician
las fauces de la tierra
y acarician terruños y alabanzas;
la tierra será tuya,
como tuyas tus manos,
como tuyo es el río
y la semilla ingrávida.
Un pueblo te acompaña
por la senda:
recoge ya tu sangre derramada
para surcar la patria
que mereces.

Masacre 33 - 2020

"Siquiera se murieron los abuelos creyendo en la
blancura de los cisnes" ...

(Jorge Robledo Ortiz)

La muerte se asoma
por entre las rendijas.
El tricolor
se convirtió
en rojo purpura
que gotea impávido
sobre palacios falsos.
El encierro
llena las mentes de vacíos
y las balas chorrean
como látigos inclementes
sobre la tierra triste.
Los abuelos
descansan en paz.
Tampoco pudieron conocer
ríos sin muertos
que buscaban océanos
de concordia.
Vieron caer pájaros heridos
por las ráfagas del odio.
Lloraron hasta secar

las lágrimas
y en el ocaso de sus primaveras
se despidieron de la estirpe
anhelando
la blancura de los sepulcros.
Un aire enrarecido
circunda la fragancia
de vientos inmortales.
El horror es la patria...
¡La dignidad
ha sido sepultada!

Ley de des"composición"

Yo,
apático a los números
y que rellenaba de versos
los cuadernos de matemáticas
para obtener repudiados ceros,
yo que dibujaba
senos y cósenos
para burlarme
de las ecuaciones
y convertirlas en metáforas,
hoy sumo día a día
los muertos de mi patria:
los líderes sociales
los niños desnutridos
los feminicidios
las especies de animales
las especies vegetales
los asaltados
los descuartizados
los de las fosas comunes
los de los noticieros
los suicidas
los desesperanzados
los desempleados
los que mueren de amor
los que mata el Esmad
los desaparecidos
los que esperamos

la bala perdida...
Si volviera al pupitre
y a las aulas
pediría a mis maestros
que para enseñarme a sumar
lo hicieran con el ábaco
de la siniestra historia
de mi país roto.
Así preservaría una memoria
dolorida y cierta
de una nación
que suma muertos
mientras resta esperanzas
y divide a su pueblo
para que empuñen armas
unos contra los otros
y multiplica la muerte
en la geografía perdida
de un planeta inmerecido
por la especie humana.

Destellos

Siempre que en una estrella
me encuentro un sueño,
una luz extraviada llega a mi canto;
lánguida una galaxia me contempla
descubriendo misterios y agonías.
Las páginas del diario de la vida
se colman de fragancias voluptuosas
cuando el tallo arrancado de la rosa
llora sobre el paisaje derretido.
Luego llegan las fauces del olvido
cercenando el espacio de los sueños,
como cuando se pierde la esperanza
sobre el orbe perdido del recuerdo.
La diáfana dulzura de la luna
se expande como un trino presuroso
en el instante mismo en que los besos
bañan con sus caricias los anhelos
y cobijan secretos en los cuerpos
donde se escribe un testamento eterno.

Canto 31

(A Gloria Inés, compañera de lunas)

Tomado de tu mano
he recorrido la vida,
he respirado tu aire,
he sido yo,
he sido nosotros,
he sido.
Por ti,
anida en mí el amor,
sostengo mi cuerpo
contra la gravedad del olvido,
doy fuerza
a lo que queda de mi cuerpo,
desafío las mañanas,
las distancias,
los silencios.
Por ti prolongo las auroras,
atravieso despacio los desiertos,
y me quedo contigo
en los ocasos.
Hoy somos y seremos,
como fuimos ayer:
canto a una ilusión,
¡amor sublime y cierto!

Colección
Sembremos Arte

Fundación Grainart

Desde la Editorial

Una colección de libros tiene la importancia de manifestar por parte de los editores, un esquema organizativo de selección con destino a un público lector que confía en la seriedad y reconocimiento

Con ese objetivo, Ediciones Grainart de la ciudad de Cali se complace en presentar la Colección "Sembremos Arte", que cuenta con un escogido grupo de autores tanto nacionales como internacionales cuya meta es compartir la cultura con temáticas y estilísticas variadas.

Pero más que una apuesta editorial, es una confirmación sentida para que los lectores conozcan a este grupo de cultores quienes desde sus letras contribuyen en el desarrollo personal, comunitario y cultural.

Las voces que se presentan en esta colección, les ofrecerán un alto nivel literario, pues han asumido a través de los años, el reto de posesionar la palabra como forma de existencia, aporte a su entorno y dinámica de vida.

La idea de esta colección nació en mayo del 2020 y después de un esfuerzo que desafía los tiempos

~

de pandemia y el entorno difícil de nuestra sociedad, en marzo del 2021 pudimos lanzar el primer número de la colección pues confiamos que la creación literaria debe permanecer siempre inquebrantable, paseándose por las páginas de la historia y colmándola de motivos para resistir y persistir.

Como saben la Editorial y la colección Sembremos Arte, hacen parte de la Fundación Grainart, que ha compartido desde sus talleres literarios libros de diversos autores en gran parte del territorio nacional. Gracias a eso, continua abanderando su lema "Semilla para el arte", en colegios, bibliotecas, centros culturales; así como al público que asiste a los encuentros.
Ahora nos enorgullecemos de poder compartir y dejar en buenas manos, esta colección que es un consolidado aporte a la cultura y a la comunidad.

Agradecemos el apoyo de los artistas plásticos Carlos Humberto Murillo y Fabian Paz quienes nos permitieron usar sus obras para las portadas de la Colección Sembremos Arte.

Muchas gracias a todos los escritores por confiar en nuestra labor y permitirnos plasmar sus versos en esta colección. Hoy se lanza este libro **Hilos y Azares** del escritor, poeta y gestor cultural Fernando Cely Herrán, quien ha contribuido en nuestros talleres literarios, dirigido las Lecturas Urgentes de Poesía Cundinamarca y Boyacá con el único fin de hacer su aporte a la cultura.

Muchas gracias a ustedes amigos lectores, a la familia Grainart y a la fe que nos sostiene, pues nos permite seguir aquí, para rendir con acciones el testimonio de nuestras convicciones, presentando esta colección que nace de la esperanza, el respeto y la admiración por la literatura.

Mónica Patricia Ossa Grain
Cali - Colombia

Índice

Hilos y azares
©Fernando Cely Herrán
©Colección Sembremos Arte
Diseño e impresión
Diseño y edición: Ediciones Grainart
Compilación y diagramación:
Mónica Patricia Ossa Grain
Diseño de Carátula:
Helen Vanessa González Ossa
Obra portada: Carlos Humberto Murillo
Título: Volando a la imaginación
Técnica espátula- Óleo sobre lienzo
Correo Carlos Murillo
carlosart5@hotmail.com

Ediciones Grainart
edicionesgrainart@gmail.com
Contacto: 3148685940

Impreso y hecho en Colombia.
Printed and made in Colombia

Santiago de Cali – Valle del Cauca
Julio de 2021